NATIONAL
GEOGRAPHIC

Peldaños

LA MONTAÑA SALVAJE

Una montaña llamada

K2

por Judy Elgin Jensen

A·VEN·TU·RA
Empresa difícil y audaz de resultado incierto o que presenta riesgos.

MONTE EVEREST	K2	KANCHENJUNGA
Frontera entre China y Nepal	Frontera entre China y Pakistán	Frontera entre India y Nepal
8,850 m (29,035 pies)	8,611 m (28,251 pies)	8,586 m (28,169 pies)

sa es una forma en la que el diccionario define *aventura*. ¿Qué significa *aventura* para ti? Puede ser un viaje para acampar o una visita a una ciudad extranjera. Aún así, lo que es emocionante para una persona puede ser algo común para otra. Ciertas actividades, como un viaje al fondo del océano, son tan increíbles que satisfarían las ansias de aventura de cualquiera. ¿O qué tal una expedición al Himalaya para escalar una de las siete montañas más altas del mundo?

El montañismo está repleto de *aventura*. Vuelve a mirar la definición de aventura. ¿Es difícil y audaz el montañismo? Claro que sí, incluso para los montañistas experimentados, y el viaje siempre es incierto. Suceden cosas impredecibles, especialmente con el estado del tiempo.

Una tormenta de nieve repentina puede terminar con una expedición (o volverla mortal). Incluso con buen tiempo, el montañismo es peligroso. El aire liviano a grandes alturas hace que sea difícil respirar, un paso en falso se puede traducir en desastre y las temperaturas heladas pueden causar congelación.

Entonces, ¿qué atrae a las personas a esta aventura? Unos montañistas disfrutan del desafío, otros disfrutan de la emoción y otros disfrutan de los riesgos. Pero todos disfrutan de las vistas asombrosas desde la cima.

La mayoría de los expertos concuerdan en que un pico sobresale de los demás por el desafío y la emoción, y no es la montaña más alta del mundo. Es la segunda más alta... y se llama K2.

LHOTSE	MAKALU 1	CHO OYU	DHAULAGIRI 1
Frontera entre China y Nepal	Frontera entre China y Nepal	Frontera entre China y Nepal	Nepal 8,167 m (26,795 pies)
8,516 m (27,939 pies)	8,485 m (27,837 pies)	8,201 m (26,906 pies)	

El K2 se eleva afilado sobre la tierra y forma un triángulo empinado contra el cielo. Su cumbre parece inalcanzable, aún así, eso es lo que cautiva a los escaladores. El K2 es la montaña de los montañistas. Aunque es más bajo que el monte Everest, es más empinado y más difícil de escalar.

¿Cómo obtuvo esta montaña tan espectacular ese nombre tan simple? La K es por la cordillera del Karakórum, que es parte del Himalaya en el sur de Asia. En 1856, un topógrafo británico que exploraba el Karakórum observó dos picos distantes y los anotó en su cuaderno como K1 y K2.

Los habitantes locales conocían al K1 como Masherbrum, y ese se convirtió en su nombre, pero el segundo pico no tenía un nombre conocido, así que quedó como K2. Desde entonces, sin embargo, K2 se ha conocido con otro nombre que describe qué tan brutal puede ser esta montaña.

Los montañistas apodaron al K2 la "Montaña Salvaje" porque es muy difícil de escalar. Solo cerca de 300 personas han superado sus pendientes empinadas, avalanchas y estado del tiempo severo para llegar a la cumbre. En comparación, más de 3,000 personas han hecho cumbre en el monte Everest.

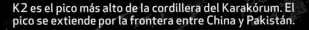

Lo primero que notas del K2 es **SU FORMA.**

K2 es el pico más alto de la cordillera del Karakórum. El pico se extiende por la frontera entre China y Pakistán.

Desafíos del K2

El K2 no se debe escalar. Eso decidió un escalador italiano que condujo la segunda expedición al K2 en 1909. El equipo llegó hasta unos pocos metros de la cumbre. Pero el estado del tiempo era demasiado adverso para continuar. La primera expedición al K2 en 1902 también fracasó, cuando el equipo de seis escaladores pasó 68 días en la montaña porque el estado del tiempo tempestuoso los retrasó. Las expediciones posteriores intentaron llegar a la cumbre y fracasaron. Finalmente, en 1954, otro equipo italiano tuvo éxito cuando superaron los desafíos de la Montaña Salvaje.

FUERZA

Los escaladores se empujan y halan a sí mismos con cada paso que dan sobre la montaña.

Empujar y halar son **fuerzas**. Los escaladores usan la fuerza cuando levantan los pies, los plantan y empujan contra el suelo... paso a paso mientras escalan. Cada paso requiere más fuerza en una pendiente inclinada que en una pendiente poco inclinada, por lo tanto, escalar las laderas del K2 requiere mucha fuerza y es extenuante.

GRAVEDAD

La fuerza de la gravedad atrae todo lo que está en la montaña hacia abajo, abajo, abajo.

¡Una avalancha! La nieve ruge cuesta abajo. La fuerza de la **gravedad** atrae la nieve hacia el centro de la Tierra. Las avalanchas pueden atrapar a los escaladores. Los escaladores también pueden enfrentarse a otros peligros debido a la gravedad. En el K2, en 1953, se rescató a seis escaladores de la atracción de la gravedad. Un escalador estadounidense se hizo famoso por esta hazaña. Cinco escaladores que estaban atados entre sí descendían a un compañero enfermo, que también estaba atado a ellos. Un escalador resbaló y arrastró a casi todos consigo. Pero otro escalador se pudo sostener firme al hacha de hielo que había trabado detrás de un peñasco, y detener la caída de todos.

ESTADO DEL TIEMPO

Aquí, a 8,000 metros (26,247 pies), los escaladores planean llegar a la cumbre mañana... si esta tormenta de nieve cesa.

Los escaladores pueden usar camisetas en la base de la montaña, pero allí arriba, la temperatura es de unos gélidos –30 °C (–22 °F), y vientos borrascosos hacen que se sienta aún más frío. ¡Vaya extremos! Las tormentas pueden inmovilizar a los escaladores en un lugar por semanas y afectar su salud y sus suministros.

AGUA

Incluso con toda la nieve, los escaladores necesitan agua.

El aire allí arriba contiene muy poco vapor de agua, por lo tanto, es muy seco. El aire seco, combinado con la respiración agitada de los escaladores, puede hacer que se deshidraten. Entonces, ¿cómo obtienen los escaladores agua líquida? ¿Se comen la nieve? En realidad, no... derretir nieve en su boca no les daría suficiente agua, por lo tanto, llevan estufas portátiles para derretir nieve y beberla. Si las estufas se pierden o se rompen, la expedición quizá tenga que volver a descender la montaña.

Tomó más de 50 años desde el primer intento hasta la primera vez que se hizo cumbre en el K2 satisfactoriamente. Luego, pasaron otros 23 años antes de que un segundo equipo llegara a la cima.

Una escalada del K2 definitivamente define la palabra *aventura*.

OXÍGENO

Allí arriba, el oxígeno y otros gases de la atmósfera están más esparcidos que al nivel del mar.

Los escaladores se esfuerzan por obtener suficiente **oxígeno** a grandes alturas porque a menores alturas menos oxígeno ingresa a los pulmones con cada inspiración. Menos oxígeno puede hacer que los escaladores desarrollen mal de alturas. Si es así, pueden tener dolores de cabeza y sentirse mareados y confundidos. Para evitar esto, en la mayoría de las expediciones se llevan tanques de oxígeno con máscaras. Pero a veces el oxígeno se agota y el cuerpo de los escaladores no está acostumbrado a una menor cantidad de oxígeno en el aire. Entonces, lo único que pueden hacer es descender la montaña.

Compruébalo   ¿Por qué se llama Montaña Salvaje al K2?

por Jim Whittaker y Jim Wickwire
extraído y adaptado por Glen Phelan

PRÓLOGO

CUANDO LA NATIONAL GEOGRAPHIC SOCIETY PATROCINÓ UNA EXPEDICIÓN ESTADOUNIDENSE AL K2 EN 1978, LA MONTAÑA SOLO SE HABÍA ESCALADO DOS VECES. ¿HABRÁ TENIDO ÉXITO DONDE OTROS EQUIPOS ESTADOUNIDENSES FRACASARON?

JIM WHITTAKER,

LÍDER DEL EQUIPO, DESCRIBE LA AVENTURA DESDE EL CAMPO BASE HASTA EL EMPUJÓN FINAL A LA CUMBRE.

al K2. Aún así, fue una experiencia valiosa, y estaba listo para volver a intentarlo en 1978. A mediados de junio, volé a Pakistán con un equipo de 14 escaladores, y con ayuda de aproximadamente 350 porteadores de altura locales, llevamos nueve toneladas de suministros más de 160 kilómetros (100 millas) a la base del K2. Ese viaje de tres semanas fue solo el principio de nuestra aventura.

Siempre anhelé escalar el K2. Ya había escalado el monte Everest, la montaña más alta del mundo. El K2 es más bajo que el Everest, pero sus laderas son más empinadas, su estado del tiempo es más extremo y tiene más avalanchas que el Everest, así que para mí, el K2 es el desafío definitivo.

Había intentado enfrentar ese desafío en 1975, pero el estado del tiempo tormentoso nos venció y vi por qué se le llama Montaña Salvaje

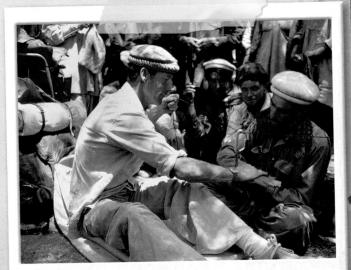

Jim Whittaker enseña al porteador de altura principal cómo atar cuerdas. Usarán las cuerdas para cruzar un río crecido entre ellos y la montaña.

Los porteadores de altura caminan arduamente hacia el Campo Base a 4,962 metros (16,300 pies).

Los porteadores de altura llevan cajas de 25 kilogramos (55 libras) con suministros.

Establecimos el Campo Base en el glaciar Godwin-Austen, al pie de la montaña. Era verano, cuando el estado del tiempo en el K2 es menos peligroso, pero el estado del tiempo en verano aún puede ser extremo en el K2. Incluso hubo tormentas de nieve en el Campo Base... una señal de lo que se avecinaba.

Planeé una ruta hacia arriba por la ladera pakistaní de la montaña y marqué dónde acamparíamos y almacenaríamos suministros. Caminamos hasta la base de la arista noreste del K2, donde establecimos el Campo I a 5,640 metros (18,500 pies).

La arista noreste nos dio nuestro primer gran desafío: laderas empinadas hasta 65 grados, lo que parece casi directamente vertical. Un paso en falso podía ser fatal. Esos son los peligros de la **gravedad,** la **fuerza** que atrae todo hacia el centro de la Tierra. Algunas laderas estaban cubiertas con hielo sólido mientras que otras tenían nieve hasta la cintura, así que caminamos con pesadez cuidadosamente para evitar

Campo I
5,640 m (18,500 pies)

desencadenar una avalancha. La **energía** de una masa de nieve que cae por la ladera podría aniquilarnos.

Ascendimos la arista de manera segura y el 13 de julio establecimos el Campo II. Algunos miembros del equipo iban adelante para despejar un sendero a través de la nieve y hacer que fuera más fácil llevar suministros al Campo III, que establecimos el 18 de julio a 6,800 metros (22,300 pies).

Las tormentas de nieve nos retuvieron en el Campo III ocho días. Durante las pausas de la tormenta, los equipos fueron a campos inferiores para traer cajas de carne, frijoles, vegetales y fruta liofilizada, que sabían espantoso, pero nos dieron la energía que necesitábamos. También teníamos tanques de **oxígeno**, que nos ayudarían a respirar cuando el aire se volviera demasiado liviano para respirar fácilmente.

El estado del tiempo finalmente se despejó y nos desplazamos por una arista con una caída escarpada a ambos lados. Un paso en falso significaría la muerte segura, por lo tanto, aseguramos cuerdas y pasamanos a lo largo de la arista. Establecimos el Campo IV más allá de la arista, pero cuando los vientos con fuerza de huracán azotaron la montaña tuvimos que retroceder hasta el Campo Base, lo que nos desalentó el espíritu. ¿La Montaña Salvaje nos iba a dar un respiro?

Rick y John armaron una tienda que se había derribado en una tormenta en el Campo III.

Los escaladores llevan suministros entre los Campos II y III.

Ir uno detrás de otro en el camino despejado conserva energía.

Después de que el estado del tiempo se despejara, establecimos el Campo V a 7,680 metros (25,200 pies) y definí dos rutas a la cumbre. Los cuatro escaladores que tenían las mejores destrezas (John Roskelley, Rick Ridgeway, Jim Wickwire y Lou Reichardt) se dirigirían a la cima. Mi esposa Dianne y yo nos quedaríamos en el Campo III y observaríamos a los escaladores a través de la lente de telefoto de la cámara de Dianne.

En el Campo V, los cuatro escaladores decidieron probar las dos rutas, por lo tanto, se dividieron en dos equipos. Era el 2 de septiembre y se nos acababa el tiempo. Nos quedaban pocos suministros. Todos estaban exhaustos. Y debíamos estar de vuelta en el Campo Base el 10 de septiembre para reunirnos con los porteadores de altura. "Es ahora o nunca", dije.

Siguiendo su ruta, Jim y Lou armaron un campo a 747 metros (2,450 pies) bajo la cumbre. A la mañana siguiente, Dianne y yo divisamos dos figuras diminutas que se acercaban a la cumbre. Todo el día seguimos su progreso. Luego, a las 5:20 p. m., divisamos un destello rojo en la cumbre... ¡la parka de Lou! ¡Lo lograron! Jim y Lou estaban de pie con todo el K2 debajo de ellos. Por primera vez, un par de estadounidenses estaban en la cima de la Montaña Salvaje.

Lou se dirigió hacia abajo después de un par de minutos, pero Jim permaneció más tiempo y finalmente comenzó a bajar al atardecer. Era muy peligroso viajar de noche y temimos que no llegara al campo antes del anochecer.

John y Rick abandonaron su ruta y llegaron al campo de Jim y Lou, desde donde planeaban escalar a la cumbre a la mañana siguiente. John nos habló por radio: "Lou volvió, pero Jim sigue allí arriba". Nuestros corazones se hundieron. ¿Jim sobreviviría la noche?

Campo V
7,680m (25,200 pies.)

Campo III

Campo IV

Campo II

Campo I

JIM WICKWIRE,

UNO DE LOS ESCALADORES DESCRIBE EL ESFUERZO FINAL

Finalmente, el estado del tiempo se despejó temprano el 6 de septiembre y decidimos intentarlo. Al amanecer, Lou Reichardt y yo abandonamos nuestro minicampo y nos encaminamos a la cumbre del K2.

Cada escalada tiene su cuota de infortunios y suerte. Nuestro esfuerzo hacia la cumbre incluyó una serie de pequeños infortunios; afortunadamente, también incluyó suerte.

Estaba teniendo dificultades, por lo tanto, decidí usar oxígeno. Cuando abrí la válvula, sin embargo, el tanque estaba lleno hasta la mitad. Alguien había traído un tanque usado... pequeño infortunio número uno.

Continuamos cuesta arriba atados uno al otro en la nieve profunda, donde el escalador líder tenía que apartar la nieve, luego halar y arrastrar su pierna hacia adelante. Cada paso requería toda la fuerza que pudiéramos reunir. Durante esta parte de la escalada, el sistema de oxígeno de Lou se descompuso y lo abandonó... pequeño infortunio número dos.

El Campo IV quedó maltrecho por la nieve y los vientos en la cima de esta arista.

El equipo tuvo que retirarse y esperar.

Jim y otro escalador llevan cargas de suministros.

Escalan la ladera empinada conforme se impulsan hacia la cima del K2.

Cumbre
8,611m (28,251 pies.)

Campo V
Campo IV
Campo III
Campo II
Campo I

Pasaron las horas. Finalmente, aproximadamente a las 4:00 p. m., vimos la cumbre a 152 metros (500 pies) sobre nosotros. Cerca de la cima esperé a Lou, que se estaba cansando sin su tanque de oxígeno. A las 5:20 p. m. pusimos pie en el punto más alto al mismo tiempo... ¡Al fin unos estadounidenses escalaban el K2!

La vista era increíble. Parecía que la puesta del sol se balanceaba en los picos más pequeños de las montañas circundantes. Lou no quería arriesgarse al mal de alturas, por lo tanto, permaneció ahí solo un par de minutos antes de dirigirse hacia abajo.

Yo permanecí más tiempo en la cumbre... demasiado tiempo. Primero, enterré una lista con 4,000 nombres de personas que habían apoyado nuestra expedición. Luego tomé fotos e intenté cambiar el rollo de película de la cámara, pero mis dedos se entumecieron y me di por vencido. Comencé a bajar, pero era demasiado tarde. Sabía que no podía volver al campo antes de que anocheciera, y no había traído una linterna... pequeño infortunio número tres.

Despejé un área llana bajo la cumbre para pasar la noche. Encendí una pequeña estufa de propano para mantenerme caliente, pero el combustible se acabó rápidamente. El cartucho adicional de combustible no cupo porque una parte de la estufa estaba rota... pequeño infortunio número cuatro.

La situación era horrenda. Estaba oscuro. Mi tanque de oxígeno estaba vacío. No tenía estufa para mantenerme caliente o derretir nieve para beber agua. Mi única protección contra el frío era una bolsa de dormir de nailon delgado. Me envolví con él y moví mis brazos y piernas para que mi sangre siguiera fluyendo.

Me quedé dormido en la bolsa delgada, pero de repente tuve una sensación de movimiento. ¿Estaba soñando? Medio despierto, me di cuenta de que me deslizaba lentamente hacia el borde de la montaña. Clavé mis botas en la nieve para detener mi deslizamiento, lo que funcionó, pero no podía combatir la fuerza de la gravedad mientras estaba acostado. Tenía que levantarme.

Me levanté justo a poca distancia del borde. Salí de la bolsa de dormir y me arrastré hacia arriba. Luchando contra el viento, llegué de vuelta al área llana, donde clavé la bolsa al piso con mi hacha de hielo y el martillo. Luego volví a arrastrarme adentro y esperé que se hiciera de día.

Al amanecer, estaba confundido porque la falta de agua y el oxígeno reducido estaban haciendo mella. Sabía que debía poner mis crampones, o puntas de metal, en mis botas, pero no podía hacerlo. Luego pensé en mi familia, concentrado, y amarré los crampones y me dirigí hacia el campo.

Me encontré con Rick Ridgeway y John Roskelley cuando ascendían. Les aseguré que estaba bien, y continué hacia el campo cuando reanudaron su camino. Lou se sintió aliviado de verme, y yo estaba aliviado de beber agua.

Nuestra dura prueba no terminaba allí. Después de que Rick y John regresaran de la cumbre, su estufa estalló y la bolsa de dormir de Rick se prendió fuego. Escapó, pero la tienda estaba arruinada... pequeño infortunio número cinco. Todos nos amontonamos en la tienda que quedaba. Por suerte, el estado del tiempo era bueno para nuestra caminata de regreso, y regresamos al Campo Base a salvo.

EPÍLOGO

DE VUELTA EN EL CAMPO I, UN DOCTOR TRATÓ A JIM WICKWIRE, QUE TENÍA COÁGULOS SANGUÍNEOS, NEUMONÍA Y CONGELACIÓN. SIN ESTE TRATAMIENTO, JIM NO HABRÍA SOBREVIVIDO. EL HECHO DE QUE TODOS LOS ESCALADORES SOBREVIVIERAN A LA MONTAÑA SALVAJE FUE UNA VICTORIA MAYOR QUE LLEGAR A LA CUMBRE.

Finalmente . . . todos estaban de regreso a salvo en el Campo I.

Compruébalo ¿Cuál parte de la expedición al K2 en 1978 crees que fue la más peligrosa?

GÉNERO Narrativa en tercera persona

Lee para descubrir cómo una escalada moderna del K2 se compara y contrasta con una expedición anterior.

K2 2011

por Glen Phelan

Ralf y Gerlinde estudian el camino hasta el siguiente campo en el K2.

Una escalada extremadamente peligrosa hace que un sueño se haga realidad.

En 1994, Gerlinde Kaltenbrunner se quedó fascinada por la forma del K2: un triángulo formado por laderas empinadas unidas en la cumbre a 8,611 metros (28,251 pies) de altura. Más tarde, Gerlinde intentaría hacer cumbre en el K2, y en el verano de 2011 tuvo éxito. Ese año, junto con su esposo, Ralf Dujmovits, lideraron la Expedición Internacional Pilar Norte del K2 2011.

El equipo de la expedición consistía en seis escaladores. Ralf, de Alemania, había escalado los 14 picos del mundo con una altura mayor de 8,000 metros (26,247 pies), incluido el K2 desde la cara pakistaní. Maxut Shumayev y Vassiliy Pivtsov eran de Kazajstán, Dariusz Zaluski era un camarógrafo de Polonia y Tommy Heinrich era un fotógrafo de Argentina. Todos lo habían intentado antes, pero no habían podido hacer cumbre en el K2. Gerlinde, una austríaca, había llegado a la cumbre de 13 de los picos de más de 8,000 metros de altura sin tanques de **oxígeno.** El único pico que quedaba era el K2.

El equipo salió de la ciudad de Kashi, China, a mediados de junio. Tenían cuatro vehículos cargados con dos toneladas de envases de gas para estufas, huevos, papas, cuerdas para escalar y otros objetos.

¿Por qué salieron de China en lugar de Pakistán? Esta expedición ascendería por la peligrosa ladera norte de la Montaña Salvaje, que pocos habían intentado escalar.

El equipo fue en vehículo tan lejos como pudo y luego pasó a una caravana de 40 camellos y seis asnos. La caravana cruzó ríos formados por las aguas de los glaciares que se derriten. La **fuerza** del agua que se mueve rápidamente podía voltear a los asnos, por lo tanto, el equipo cruzó los ríos sobre los camellos, que tenían patas más firmes.

Después de cinco días de caminata con temperaturas de 40 °C (100 °F) divisaron el pico del K2. Su objetivo, que brillaba en la distancia, se hacía realidad.

Días después, llegaron al Campo Base chino en el borde del glaciar K2. Cargaron suministros a pie otra semana hasta que llegaron al Campo Base Avanzado con el K2 asomando más adelante.

Pocas veces transitada, la ruta del Pilar Norte quizá sea la escalada más peligrosa del K2.

Gerlinde creció esquiando en las montañas de Austria. Su apetito por la aventura la llevó a la pasión por escalar.

Gerlinde había hecho cumbre en 13 de los picos de 8,000 metros. Le quedaba uno: el K2.

La expedición tomó la ruta del Pilar Norte
hacia el K2. Sigue una larga arista hacia
arriba por el costado norte. Las laderas son
más empinadas en la cara china del K2 que
en la cara pakistaní. La ruta es muy peligrosa.
No es de extrañar que tan pocas personas lo
hayan intentado.

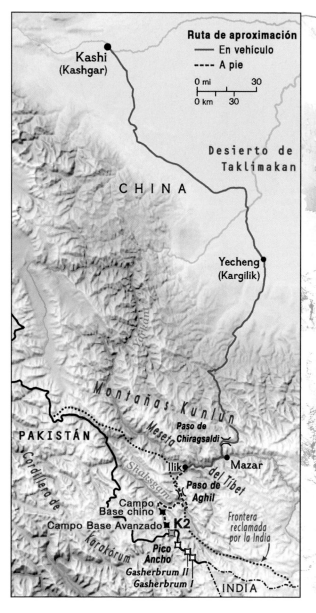

Ruta de aproximación
— En vehículo
- - - A pie

0 mi   30
0 km   30

La aproximación al K2 desde el norte requería tres tipos de
recorrido. Los escaladores anduvieron en SUV desde Kashi hasta
Ilik. Montaron asnos y camellos hasta el Campo Base chino. Por
último, caminaron a pie hasta el Campo Base Avanzado en la base
del K2.

*Glaciar norte
del K2*

**Al Campo
Base Avanzado**
Altura 4,650 m

CUMBRE
8,611 metros (28,251 pies)
23 de agosto de 2011

Corredor de los japoneses

Vivac
8,300 m
22 de agosto
(Est. 22 de agosto)

CAMPO IV
7,950 m
21 de agosto
(Est. 21 de agosto)

Acampada
7,900 m

CAMPO III
7,250 m
0 de agosto
22 de julio)

Acampada
7,300 m

PAKISTÁN

CHINA

Campo Almacén del Hombro
6,250 m
18 de agosto
(Est. 17 de julio)

Campo Intermedio

Arista noroeste

CAMPO I
5,300 m
mpulso a la cumbre: del 16 al 17 de agosto
establecido el 5 de julio)

La escalada

Hacia el comienzo de julio, el equipo estaba preparado en el Campo Base Avanzado sobre el glaciar K2. Pasaron seis semanas estableciendo más campos conectados por cientos de metros de cuerda. El trabajo no fue fácil. La ruta incluía muros verticales de hielo y pendientes con nieve hasta el pecho. Los escaladores tuvieron que empujar hacia el costado y formar una pequeña pared de nieve para poder caminar hacia adelante. Unas avalanchas cubrieron los senderos conforme la **gravedad** atraía la nieve hacia abajo por las pendientes empinadas. Luego, los escaladores tendrían que despejar los senderos de nuevo.

Después de semanas de despejar senderos, limpiar con palas los sitios de acampe y cargar suministros, el equipo estaba preparado para escalar a la cumbre. Los seis escaladores se habían acostumbrado a los niveles más bajos de oxígeno en el aire.

El 16 de agosto, llegaron al Campo I en la base de la ruta del Pilar Norte. Por la noche cayó una recia nevada, así que esperaron un día para ver si la nieve formaba una avalancha. No sucedió, así que el 18 de agosto, siguieron adelante hacia el Campo II.

Ralf estaba preocupado por los peligros de las avalanchas y dijo: "Gerlinde, yo me vuelvo". Intentó de persuadir a Gerlinde de que regresara con él, pero ella se negó. Más tarde, ella dijo: "Mi presentimiento fue bueno". Ralf temía que nunca más la volvería a ver. Poco después, la nieve se desprendió de la ladera. La fuerza de los pasos de los escaladores había causado una avalancha.

Ralf temía que nunca más volvería a ver a Gerlinde.

La avalancha volteó a Tommy en la nieve. Solo su cuerda lo salvó de caerse de la montaña. Cavó y salió, pero la avalancha había bloqueado el sendero entre él y los otros escaladores. También regresó.

Gerlinde, Dariusz, Maxut y Vassily llegaron al Campo II el 19 de agosto y al Campo III al día siguiente. Esa noche, las paredes escarchadas de la tienda se sacudieron y se rompieron con el viento. Al día siguiente, el equipo llegó al Campo IV a casi 8,000 metros (26,247 pies). A esa altura, el cuerpo ya no puede ajustarse los bajos niveles de oxígeno y pensar se hace difícil y confuso.

Todos en el equipo se miraron y dijeron: "Mañana es nuestro día".

Los escaladores derritieron la nieve para beber agua y afilaron sus crampones para aferrarse mejor a las pendientes congeladas. Esa noche, observaron la cumbre que estaba sobre ellos y dijeron: "Bueno, mañana es nuestro día".

La mañana estaba despejada, pero la nieve y la escasez de oxígeno hicieron que el progreso fuera lento. Por delante de los escaladores había un área helada empinada con bolsillos de nieve profundos. De regreso en el Campo Base Avanzado, Ralf usó un telescopio y una radio para ayudar a los escaladores a ascender el área congelada para evitar las avalanchas. Después de escalar durante 12 horas, estaban a solo 300 metros (980 pies) bajo la cumbre. Estaban exhaustos, por lo tanto, armaron una tienda pequeña y descansaron hasta la mañana.

El 23 de agosto, los cuatro escaladores se encaminaron a la cumbre. La nieve les llegaba al pecho, así que encontraron una ruta más fácil sobre unas rocas empinadas. Les tomó menos esfuerzo escalar las rocas que abrirse paso por la nieve. Cuando se acercaban a la cumbre, Gerlinde sorbió agua de la botella que llevaba dentro de su traje. La guardó allí porque estaba suficientemente caliente para que el agua permaneciera líquida.

Cerca de la cumbre, Vassily dijo que esperaría a su amigo Maxut, que iba unos minutos atrás. Dariusz estaba aún más atrás. Todos llegarían a la cumbre un poco más tarde. Por lo tanto, Gerlinde caminó los últimos pasos sola. A las 6:18 p. m., se convirtió en la primera mujer en hacer cumbre en todos los picos de más de 8,000 metros de altura sin un tanque de oxígeno.

la cumbre,
Gerlinde
quería
abrazar
al mundo
entero.

El punto de luz diminuto debajo de la cima del K2 era una señal. Mostraba que los escaladores habían regresado de la cumbre a la tienda que habían armado la noche anterior. Tommy tomó esta foto desde el Campo Base Avanzado.

Los escaladores regresaron al Campo Base Avanzado en dos días. Se los aclamó como a héroes, pero la mayoría no escala por la gloria. Escalan para alcanzar un objetivo o desafiarse a sí mismos. Para Gerlinde, hacer cumbre en el K2 fue un sueño hecho realidad. Una foto muestra sus brazos en alto en la cumbre. "No es que me sintiera una reina", dice, "sino que quería abrazar al mundo entero".

Gerlinde se describió como si estuviera "sobre la luna" con deleite mientras se encontraba en la cima del K2.

Compruébalo   ¿Por qué la escalada de Gerlinde a la cumbre del K2 fue extraordinaria?

Lee para descubrir qué necesitan los montañistas para escalar montañas cubiertas con nieve.

¡EQUIPADO!

por Lara Winegar

Cuando Gerlinde Kaltenbrunner abandonó el Campo I, dejó su diario. No lo olvidó (ni se le cayó), sino que no quería llevar ese peso. Cada gramo cuenta cuando se avanza pesadamente a través de la nieve profunda ascendiendo laderas. Cuanto más peso se lleva, más **fuerza** se debe hacer para moverlo, por lo tanto, el equipo debe ser tan liviano como sea posible. También debe ser duradero, resistente y perdurable porque no hay tiendas o talleres "a la vuelta de la esquina" en la montaña.

Entonces, ¿que necesita un escalador bien equipado para afrontar los altos picos? Esta es una pequeña muestra de los equipos de los que los escaladores no deben prescindir.

BRÚJULA indica en qué dirección está el Norte y es importante si falla el GPS.

SISTEMA DE POSICIONAMIENTO GLOBAL (GPS) indica la ubicación exacta de un escalador.

GAFAS protegen contra la luz solar intensa que se refleja en la nieve.

CUERDAS soportan el peso de los escaladores cuando ascienden y descienden superficies empinadas.

TIENDA Y BOLSA DE DORMIR mantienen abrigado al escalador bloqueando el viento y manteniendo el calor corporal.

BOTAS protegen y mantienen los pies abrigados. Tienen una bota interna de espuma, una bota externa de plástico o cuero y una capa externa aislada de tela impermeable.

HACHA DE HIELO se encaja en el hielo para que un escalador pueda halar de ella o clavar objetos como las bolsas de dormir.

CRAMPONES se aferran al hielo. Estas puntas metálicas se adhieren a la suela de las botas.

Compruébalo ¿Cuál de estos objetos te gustaría menos perder? Indica por qué.

Comenta

1. ¿Cómo te ayudó la información de "Una montaña llamada K2" a comprender las otras tres lecturas de este libro?

2. Compara y contrasta las expediciones descritas en "K2 1978" y "K2 2011".

3. Cita ejemplos de los efectos de las fuerzas como la gravedad en los escaladores de "Una montaña llamada K2", "K2 1978" y "K2 2011".

4. Explica cómo el equipo de "¡Equipado!" ayuda a un escalador a resolver los desafíos del montañismo como la nieve cegadora, la gravedad y las temperaturas heladas.

5. ¿Qué te sigues preguntando sobre las expediciones de montañismo como "K2 1978" y "K2 2011"? ¿Cuáles serían algunas buenas maneras de encontrar más información?